Zhongguo Wenhua
Zhishi Duben

中国文化知识读本

扎什伦布寺

主编 金开诚

编著 喻淑珊

吉林出版集团有限责任公司

吉林文史出版社

图书在版编目（CIP）数据

扎什伦布寺 / 喻淑珊编著 . 一长春：吉林出版集
团有限责任公司：吉林文史出版社，2010.4（2022.1重印）
（中国文化知识读本）
ISBN 978-7-5463-2912-3

Ⅰ . ①扎… Ⅱ . ①喻… Ⅲ . ①扎什伦布寺 – 简介
Ⅳ . ① K928.75

中国版本图书馆 CIP 数据核字（2010）第 073036 号

扎什伦布寺

ZHASHI LUNBU SI

主编/ 金开诚 编著/喻淑珊

责任编辑/曹恒 崔博华 责任校对/王新

装帧设计/曹恒 摄影/潘秋明 姜山 图片整理/董昕瑜

出版发行/吉林文史出版社 吉林出版集团有限责任公司

地址/长春市人民大街4646号 邮编/130021

电话/0431-85618717 传真/0431-85618721

印刷/三河市金兆印刷装订有限公司

版次/2010 年 4 月第 1 版 2022 年 1 月第 3 次印刷

开本/650mm×960mm 1/16

印张/8 字数/30千

书号/ ISBN 978-7-5463-2912-3

定价/34.80元

关于《中国文化知识读本》

　　文化是一种社会现象，是人类物质文明和精神文明有机融合的产物；同时又是一种历史现象，是社会的历史沉积。当今世界，随着经济全球化进程的加快，人们也越来越重视本民族的文化。我们只有加强对本民族文化的继承和创新，才能更好地弘扬民族精神，增强民族凝聚力。历史经验告诉我们，任何一个民族要想屹立于世界民族之林，必须具有自尊、自信、自强的民族意识。文化是维系一个民族生存和发展的强大动力。一个民族的存在依赖文化，文化的解体就是一个民族的消亡。

　　随着我国综合国力的日益强大，广大民众对重塑民族自尊心和自豪感的愿望日益迫切。作为民族大家庭中的一员，将源远流长、博大精深的中国文化继承并传播给广大群众，特别是青年一代，是我们出版人义不容辞的责任。

　　《中国文化知识读本》是由吉林出版集团有限责任公司和吉林文史出版社组织国内知名专家学者编写的一套旨在传播中华五千年优秀传统文化，提高全民文化修养的大型知识读本。该书在深入挖掘和整理中华优秀传统文化成果的同时，结合社会发展，注入了时代精神。书中优美生动的文字、简明通俗的语言、图文并茂的形式，把中国文化中的物态文化、制度文化、行为文化、精神文化等知识要点全面展示给读者。点点滴滴的文化知识仿佛繁星，组成了灿烂辉煌的中国文化的天穹。

　　希望本书能为弘扬中华五千年优秀传统文化、增强各民族团结、构建社会主义和谐社会尽一份绵薄之力，也坚信我们的中华民族一定能够早日实现伟大复兴！

目录

一

佛缘圣土　百年慈悲

扎什伦布寺一景

（一）一代大师与扎什伦布寺

扎什伦布寺，又称为"吉祥须弥寺"，它坐落在日喀则（藏语意为"最好的庄园"）市西面的尼玛山上，是日喀则地区最大的寺庙，与拉萨的哲蚌寺、色拉寺、甘丹寺以及青海的塔尔寺和甘肃南部的拉卜楞寺并列为格鲁派的六大寺庙。扎什伦布寺至今已经有五百多年的历史了，虽然历经了近五个多世纪风雨的洗礼，它依然以恢弘的气势、绚丽的色彩、庄严的殿宇而闻名于世。清朝驻藏大臣和琳曾写诗赞美道："塔铃风动韵东丁，一派生机静空生。山吐湿云痴作雨，水吞活石怒为声。"意思是说，扎什伦布寺殿塔上的铃在风中悠然作响，悦耳动听。从寺中远望日喀则年楚河谷，则是一派生机，而身处寺中静感从空中油然而生，恬静安温。空中云彩从山坳缓缓吐出，云彩堆积浓密如雾雨，从静中忽生出水吞活石的怒声。由此可见，扎什伦布寺周围环境优美、景色宜人。1961年3月，扎什伦布寺被国务院列为国家重点文物保护单位。

扎什伦布寺最初是由宗喀巴的第八弟子、被后世格鲁派追认为第一世达赖的根敦珠巴所创建的。关于根敦珠巴投身佛教，还有一个有趣的历史故事：根敦珠巴幼年时因为家境贫寒，不得不到寺院中乞讨，由于他

一世达赖喇嘛根敦珠巴像

经常以身着黄色袈裟、剃了头发的打扮前去，因而被众僧称为"尊穷阿觉（背诵经文的幼僧）"。他的这些举动，很快就引起了当时担任纳塘寺第十四任法座（堪布）的珠巴喜饶的注意。他认为，如果对这样一个聪明执著的男孩加以培养，他将来很可能会在佛教中作出巨大的贡献。于是等根敦珠巴再一次到纳塘寺去乞讨时，他把根敦珠巴叫到身边加以点化，并为其受了戒。因为所起法名与根敦珠巴出生时的名字相同，人们又称根敦珠巴为"尊穷白多"。

进入佛教的殿堂以后，根敦珠巴资质勤敏，好学不倦，20岁就受了具足戒，学

扎什伦布寺雄伟的建筑

扎什伦布寺

宗喀巴大师像

释量论，经常往返于各寺院间弘法教义，他的德行和威望渐渐深入人心。到24岁时，他前往前藏，成为从事喇嘛教改革的藏传佛教格鲁派（黄教）的创立者、佛教理论家宗喀巴的门下弟子。作为宗喀巴大师八大弟子中最年轻的一位，根敦珠巴对格鲁派的形成和发展的贡献也是最大的。他德才兼备，著作等身，精通经典，在修行、学识、文章、佛法功业上的成就都十分令后人景仰。因此，达赖班禅转世系统成立以后，藏人也把宗喀巴、克珠杰和根敦珠巴叫做"师徒三尊"。

公元1447年，一世达赖根敦珠巴为

扎什伦布寺远景

了纪念去世的经师希饶僧格，聘请了本地和尼泊尔工匠在日喀则精制了一尊2.7米高的释迦牟尼镀金铜像。为安放此像，根敦珠巴在帕竹政权的资助下，于同年9月开始动工修建寺院，历时12年寺方建成，根敦珠巴任第一任法台，将所造之像置于该寺净室内。当时寺院定名为"岗坚典培"，意为雪域兴佛寺。后来，根敦珠巴将其更名为"扎什伦布巴吉德经钦曲唐结勒南巴杰瓦林"，意为吉祥须弥聚福殊胜诸方州，简称"扎什伦布寺"，表达了"吉祥幸福"的美好祝愿。

（二）扎什伦布寺的盛势五百年

公元1459年，扎什伦布寺建成，并已

扎什伦布寺展佛台

拥有大小佛堂 5 座，供奉佛像 12 尊，僧侣 200 人。该寺的修建工程在根敦珠巴的任期内一直未停止，至其圆寂后，又陆续修建了密宗佛殿、大经院、展佛台，大小佛殿增至 7 座，供奉佛像达 53 尊，布于殿堂和讲经场四壁的彩绘、石刻佛像约 2000 尊。在寺内建立了铁桑林、夏尔孜和吉康三大扎仓（僧院），住寺僧侣达 1600 余人，至此，扎什伦布寺成为格鲁派在后藏的根本道场。

公元 1601 年四世班禅大师罗桑曲结坚赞 (1570-1662 年) 就任该寺第十六任法台。他入主该寺后，通过到各地讲经说法的方式募集资金，扩建寺院。在这六十年间，除了

罗桑曲结坚赞像

重修和扩建了旧有的殿堂以外，他又新建大小殿堂 10 余座。他还利用在拉萨等地募集到的铜铁和金箔修建了两座金瓦殿。由于罗桑曲结坚赞的苦心经营，当时寺况盛极一时，寺中僧侣达 5000 余人，有房室 3000 余间，属寺 51 处，僧侣 4000 余人，拥有庄屯和牧区部落各 10 余处，扎什伦布寺成为格鲁派在后藏最大的寺院，取得了与拉萨的哲蚌寺、色拉寺、甘丹寺三大寺同等的地位。此后，该寺成为历代班禅额尔德尼的驻锡地。

四世班禅之后，历代班禅大师都对寺院进行过修葺和扩建，于这一时期扩建的主要建筑和机构有印经院、时轮扎仓、甲纳拉康(亦称汉佛堂)、未来佛殿、伏魔大佛塔和佛殿、经堂、僧舍多座。

自四世至九世班禅大师圆寂后，历代班禅大师的肉身均供奉于灵塔之中，后世为供放这些灵塔，修建金顶祀殿，可惜后来此殿的大部分建筑因故被毁。

1984年，国家拨款重建扎什伦布寺。在十世班禅确吉坚赞的主持下，五世至九世班禅的合葬灵塔和祀殿历时四年竣工，定名为班禅东陵"扎什南捷"(吉祥胜利之意)后经不断扩建和修茸，扎什伦布寺才逐步成为铜佛高耸、金碧辉煌、雕刻精美、壁画生辉的宏伟建筑，并成为后藏地区政治、经济、文化和宗教的中心。

（三）扎什伦布寺与藏传佛教格鲁派

说到藏传佛教格鲁派，就不得不说扎什伦布寺创建人根敦珠巴的师傅——格鲁派的创建人宗喀巴。他系统地学习过藏传佛教噶当派的教法，接受了噶当派思想体系。此外，他还师从藏传佛教各派诸多大师，把噶当派和其他派别大德的显密教法熔为一炉，形成他自己的教法体系，为他后来

十世班禅大师等身像

佛缘圣土　百年慈悲

009

甘丹寺风光

建立格鲁派打下了基础。

　　当时，宗喀巴所处的时代正是教派僧人纷纷以战争的方式争夺权力、佛法宗教无人问津之时，这种状况导致寺庙戒律松弛，僧人放荡自恣。面对这种混乱的局面，大师立志改革，于是，他先从自己于1409年建立的甘丹寺下手，规定寺中僧人必须严守戒律，规定佛制；树立讲听之风，僧人必须研学经典，制定学习规程；在管理寺庙方面，制定了一些寺庙组织体制和僧人的生活准则，同时，他自己亦以身作则，戴上与过去的持律者们同样的黄色的帽子以表严守律戒，后世追随者也戴黄色僧帽，故格鲁派又被称黄教。

如果说格鲁派之创建始于宗喀巴，那么使其发展并自成一派，则是大师的众多弟子经过共同努力达成的。宗喀巴圆寂后，弟子们本着大师遗愿，发扬其宗风，又分头建寺，先后建立的哲蚌寺、色拉寺与母寺之甘丹寺，合称为拉萨的三大寺。后来又修建起扎什伦布寺，合称为格鲁派的"四大寺"，各寺内均成立学院，分科修学显教。此后，又相继成立了上下密乘院。这些道场的建立使大师制定之显密教法大为弘扬。

继宗喀巴大师的弟子甲曹吉后住持法座后的为克珠吉。此后法位继承人延续采用甘丹赤巴制，推选精通显密教理并通过了严格考试的人来担任，这样保持了优良宗风稳定不变。

由甘丹主寺最早发展出来的为哲蚌寺，该寺创建人为扎西班丹。扎西班丹是宗喀

哲蚌寺

巴的大弟子，他承奉大师指示，于公元1416年建立哲蚌寺，以实施一代宗师宗喀巴的教学改革计划。此后第二、第三、第四世达赖均在此坐床。公元16世纪时，哲蚌寺认定根敦嘉措为宗喀巴弟子根敦珠巴转世，根敦嘉措作为第二世达赖，追认根敦珠巴为第一世，并创立达赖的活佛转世制度，用教主制来保证格鲁派的发展。

继一世达赖根敦珠巴和二世达赖根敦嘉措之后，索南嘉措成为三世达赖。相传在蒙古地区传教期间，索南嘉措与土默特部首领俺答汗在青海湖边相会，俺答汗赠

根敦嘉措唐卡

扎什伦布寺

索南嘉措唐卡

大明永乐皇帝像

扎什伦布寺

送他一个称号 "圣识一切瓦齐尔达喇达赖喇嘛"。其中，"瓦齐尔达喇"是藏语，是"执金刚"的意思，是对密宗方面有最高成就的人物的尊称。这就是达赖喇嘛在西藏的开始，也是蒙古信奉黄教的开始。

宗师弟子释迦耶协，通称降钦却吉(1352 – 1435 年)，公元 1419 年曾代表宗师朝拜明永乐皇帝，受封为大慈法王，回藏后将皇帝和帕竹政权官员的资助用于兴建色拉寺，以弘扬宗师的佛法学说。

五世达赖阿旺罗桑嘉措，被清廷封为"西天大自在佛所领天下释教普通瓦赤喇达喇达赖喇嘛"。这个封号又是汉蒙藏三种语言的混合，其中"普通"是"普遍通晓"的意思，也就是三世达赖封号中的"圣识一切"。他因得到蒙古固始汗的帮助，建立甘丹颇章宫，掌管西藏地方政教大权，于是格鲁派的政治和宗教合二为一，格鲁派的发展得到了可靠保证；扎什伦布寺僧又认定罗桑确吉坚赞为宗喀巴第二大弟子克珠吉的转世，从此，卫藏的政教合一制更加得到巩固。格鲁派的这种盛势，促成本派更加向外扩展，使黄教寺庙几乎遍及于阿里、康区、青海甚至边远的蒙古地区。

公元 1662 年，第五世达赖就派霍尔阿旺

第五世达赖喇嘛阿旺罗桑嘉措

扎什伦布寺

然吉赴康，在康北甘孜修建了黄教第一座寺院——甘孜寺，以后发展为十三寺。

公元 1447 年，大师的弟子根敦珠巴为了能把大师正教弘传于后藏，于是在日喀则附近建扎什伦布寺。大师弟子喜饶僧格（1382－1445 年），曾在师前领受传法衣帽，肩负起弘扬大师密教任务。此后，黄教大大小小的寺院渐渐群立，格鲁派渐渐出现空前盛势。

格鲁派的形成，标志着西藏佛教事业已发展到极盛时期。据统计，在公元 1737 年，仅格鲁派寺庙就有三千多座，僧侣更是达到了三十一万余人。在格鲁派众多的寺庙中，

甘孜寺

佛缘圣土　百年慈悲

日喀则风光

最著名的有甘丹寺（公元 1409 年建）、
哲蚌寺（公元 1416 年建）、色拉寺（公
元 1418 年建）和扎什伦布寺，这便
是西藏地区著名的格鲁派四大寺院。
四大寺中，甘丹、哲蚌、色拉三寺皆
建于拉萨市郊，只有扎什伦布寺位于
后藏日喀则市。

扎什伦布寺

二　巧夺天工的圣殿灵塔

扎什伦布寺大经堂

（一）一殿一史，传承佛法

扎什伦布寺整体建筑面南偏东，依照黄教经学院传统的建筑布局，以中心为殿堂，主要殿堂有错钦大殿、强巴佛殿等，每一所大殿都有其独特的历史和作用，可谓一殿一史。

错钦大殿：即大经堂，是扎什伦布寺最早的建筑，始建于公元1447年，至公元1459年落成，可容僧众3800人，是全寺从事法事活动的重要场所。大殿由48根朱漆大柱支撑，中央供奉有一个精雕细刻、庄严精美的宝座，这就是班禅大师的宝座。讲经场四壁为宗喀巴、克珠杰和根敦珠巴

"师徒三尊"及历代祖师、大论师的画像，以及四大天王、各种飞天护法和释迦牟尼参禅图。尤其是释迦牟尼参禅图，其以丰富的内容、生动的形象、精细的画工、绚丽的色彩赢得世人的赞叹。这些壁画或组合成组，或三两相应，座间又以山水、猛虎、法螺等佛家吉祥物交相辉映，是极为罕见的艺术珍品。在大殿的左侧，是阿里古格王于公元1461年资助扩建的大佛堂，佛堂中间供奉着一尊高11米的弥勒佛像，佛像面部形态慈善和蔼、端庄娴静，这是藏族工匠和尼泊尔工匠共同塑造的，也是中尼两国人民长期友好合作的历史见证。弥勒佛像两旁是一世达赖根敦珠巴亲自塑造的观音菩萨和文殊菩萨像，也是扎什伦布寺最古老的塑像，象征着藏传佛教里的达赖和班禅。在大殿堂右侧，则是度母佛堂，里面安放着高2米的白度母铜像。在西藏文化里，度母被称为"卓玛"，是观世音菩萨的化身。以颜色来区分，现为二十一尊度母，其中，最受人们尊敬的是白度母和绿度母。白度母在西藏人民心中的形象是非常优美的：她头戴花冠，发髻高耸，双耳坠着大耳环，上身斜披络腋，双脚盘

绿度母心咒

坐在莲座上，左手持莲花，右手掌向外，表现出一种慈悲为怀的形象。传说白度母非常聪明，又以慈悲为怀，愿意帮助人们渡过难关，所以人们有难总爱求助于她，并称之为"救度母"。在白度母两旁则是泥塑的绿度母。在白、绿度母的背后则是二十一度母的壁画。经堂的整个环境弥漫着一种修行炼法的浓厚古韵。

白度母心咒

强巴佛殿：在扎什伦布寺西侧，有一座宏大殿宇，这就是强巴佛殿，藏文叫做强巴康，也就是未来佛、弥勒佛的意思。大殿由九世班禅曲吉尼玛于 1914 年主持修建，殿高 30 米，建筑面积 862 平方米，共分为五层，层层收拢高出。每层顶角都卧有雄狮一尊，显得庄严肃穆。殿顶金碧辉煌，殿檐铜铃作响，殿堂以铜柱支撑，是建筑艺术上的巅峰之作。显然，强巴佛殿的强巴大铜佛像是最引人注目的。强巴佛蹲坐在高达 3.8 米的莲花基座上，面部朝南，俯瞰着寺宇，佛像高 26.2 米，肩宽 11.5 米，脚板长 4.2 米，手长 3.2 米，中指周长 1.2 米，耳长 2.8 米，是巨型雕塑行列中的珍品，也是世界上最高最大的铜塑佛像。铸造这尊佛像，由 110 个匠花

强巴佛殿

费 4 年时间才完成，共耗黄金 6700 两、黄铜 23 万多斤。佛像眉宇间白毫镶饰的大小钻石、珍珠、琥珀、珊瑚、松耳石 1400 多颗，其他珍贵装饰则更是数不胜数。

（二）金塔玉殿，皇家渊源

扎什伦布寺的"甲纳拉康"，即汉佛堂，是西藏独具特色的佛堂。这是因为，佛堂内的文物有力地证明西藏地方与历代中央朝廷的隶属关系，它是扎什伦布寺的一个小型汉、藏交往史的"博物馆"。佛堂内珍藏着历代皇帝赠给班禅的永乐古瓷、金银酒盏、茶碗碟盘、玉石器皿、纺织品类等诸多礼品。最著名的是唐代的九尊青铜佛像，相传是唐代文成公主进藏和亲时带进藏的。引人注目的还有一尊骑在野猪上面的赤身女度母铜像，这是元朝时期的工艺品；还有清朝皇帝赐给班禅的一枚重 16.5 斤，上镌汉、蒙、藏三种文字的金印。此外，还有宝石佛珠、封诰敕书、经卷等。汉佛堂偏殿，有一清朝驻藏大臣与班禅的会晤堂。在正殿，挂着清朝乾隆皇帝身穿袈裟、手端法轮的大幅画像，这是北京故宫的原物。画像下立有道光皇帝的牌位，上写有"道光皇帝万岁万岁万万岁"文字。每逢皇上下诏，班禅都要在皇帝牌位前叩首以谢恩。

关于藏传佛教与历代中央朝廷的

汉佛堂偏殿内珍藏的有 700 多年历史的唐卡

巧夺天工的圣殿灵塔

历史渊源，最早可以追溯到唐太宗时代，因为佛教在西藏的产生还与西藏和中央朝廷的一个重大历史事件有关，这就是文成公主进藏。公元 7 世纪前期，吐蕃族出现了一位杰出领袖名叫弃宗弄赞，西藏的佛教史则称之为松赞干布。他骁勇善战、足智多谋，用武力征服了青藏高原的许多部落，建立起强大的奴隶制政权，成为青藏高原各部落的霸主。松赞干布也是一位开明的领袖，他景仰当时汉族唐朝的文明，于是派使者来到长安表示愿结友邻。贞观十四年（公元 640 年），松赞干布派遣他的大相（职同宰相）禄东赞送上黄金 5000 两，珠宝数百件到长安聘婚。唐太宗以五

文成公主和松赞干布像

扎什伦布寺

门环上饰有精美的图案

大昭寺一景

件难事刁难使臣，其中之一就是要使者认出百匹母马与百匹驹马的母子关系。聪明的使臣见招拆招，将母马和驹马分别圈起来，并断绝驹马的饮水和草料，过了一两天之后，再将这些马匹全部放出，这时，壮观的景象出现了：母马瞬间就找到了自己的小马驹。禄东赞就这样地一一解决了五个难题，唐太宗十分高兴，答应了唐、藏通婚的请求，以文成公主入藏。文成公主入藏给藏族人民带去了丰厚的嫁妆，其中包括诗文、经史、农事、医药、天文、历法等书籍，还有谷物、蔬菜、果木种子以及各种精美的手工艺品，还带去了各种

技术工匠和一支宫廷乐队。由于文成公主是虔诚佛教信仰者，所以还带去了一尊佛像，还在拉萨修建起著名的大、小昭寺，随公主前来的工匠也陆续修建寺庙，随同前来的佛教僧人开始翻译佛经，佛教开始从尼泊尔和汉地传入西藏。

继藏汉友好的历史之后，公元710年，唐中宗派专使和吐蕃的迎亲使者一起护送金城公主入藏嫁墀德祖赞，送亲队伍中也带了大批佛教僧人。金城公主入藏以后，致力于维护外地在藏之佛教徒，有意引佛教入藏。至墀德祖赞晚年，相传他曾派桑希等人（或谓桑希为留藏

金城公主进藏图

巧夺天工的圣殿灵塔

汉人后裔）到长安取佛经，此时吐蕃赞普已经重视佛教。

藏传佛教与中央政府的密切交流集中出现在元代。公元 1260 年，忽必烈封八思巴为国师，赐玉印，授权他总管全国的佛教事务。在这个时期，忽必烈在中央政府中设立总制院（到公元 1288 年改名为宣政院），作为掌管全国佛教事务和藏族地区行政事务的中央机构，并命国师八思巴领总制院事，国师之下设总制院使掌管日常事务，院使之下还有同知、副使、佥院等官员。宣政院自己有一定的人事权，其官员中有僧人，也有俗人，有蒙古贵族，也有藏族人，担任过宣政院院使的最著名的藏族人是忽必烈的丞相桑哥。宣政院使作

八思巴文官印

扎什伦布寺

忽必烈像

为朝廷重要官员，是由皇帝直接任命的，这就确定了八思巴建立的西藏的行政体制从一开始就是与元朝中央的行政体制相联系的，是元朝行政体制的一部分。而且八思巴统领天下释教，特别是统领藏传佛教各派寺院和僧人，又同时领总制院事的这种身份，标志着忽必烈和八思巴对西藏行政体制的设想是政教结合、僧俗并用的一种行政体制。元朝在藏族地区设置的各级机构的高级官员，由帝师或宣政院举荐，上报皇帝批准，授予金牌、银牌、印章、宣敕。

公元 1264 年，忽必烈派八思巴和他的弟弟恰那多吉从大都动身返回西藏，临行时，

元顺帝像

忽必烈赐给八思巴一份《珍珠诏书》，并封恰那多吉为白兰王，赐给金印。八思巴于公元 1265 年返回西藏后，依照西藏各个地方政教势力管辖范围的大小，将他们划分为千户和万户，委任各政教首领担任千户长和万户长，归属元朝扶植的萨迦地方政权管理，其最高首领就是八思巴。

公元 1269 年，八思巴返回大都，进献他遵照忽必烈的诏命创制的蒙古新字，忽必烈晋封他为帝师。八思巴以后是历任帝师。当帝师住在大都时，萨迦政权即由萨迦寺的住持即通常所说的萨迦法王负责，帝师和萨迦法王都是出家僧人。

八思巴每得到一种新的图书，总要命人抄写、译校，保存在萨迦。一些重要的佛经，往往还要用黄金、宝石研成粉末和汁液书写，以期长期保存。这些佛教经典都珍藏在萨迦寺内，萨迦南北两寺当时都有数量众多的藏书，仅萨迦南寺的藏经墙，保存至今的佛教典籍就多达六万多函，其中还有不少旷古稀世的贝叶经文献，以其抄写精美、规格宏大而著称于世。在元代，西藏还编纂和缮写过好几部大藏经。最负盛名的莫过于纳塘本大藏经，和布顿及蔡

巴贡噶多吉分别编纂的《丹珠尔》和《甘珠尔》目录。它们对后世的大藏经木刻版的编纂和刊印都产生了重要的影响。

元顺帝时期，噶玛噶举派三世活佛攘迥多吉（1284—1339 年）曾两次受元朝皇帝的召请到大都传法，元顺帝曾封他为"圆通诸法性空佛噶玛巴""灌顶国师"，并赐玉印、封诰等。噶玛噶举派四世活佛乳必多吉（1340 － 1383 年）也很有名，公元 1356 年元顺帝就传旨命他进京，他于公元 1358 年从楚布寺出发，公元 1360 年到达大都，在元顺帝宫廷中活动了四年，被封为"大元国师"，赐给他玉印，公元 1363 年他离开大都回藏。他的侍从人员中还有被封为国公、司徒的，都得到赐给的印信封诰。

藏传佛教与中央政府建立密切关系的另一个时期是清朝。公元 1645 年，固始汗派其子多尔济达赖巴图尔台吉到北京，上书顺治帝，表示对清政府的谕旨"无不奉命"。他还与五世达赖喇嘛共同遣使清朝"表贡方物"，受到清朝的赏赐。自此之后，蒙古和硕特部汗王与西藏地方宗教首领几乎年年必遣使莅京，通贡不绝，清朝也厚给回赐。

公元 1652 年，顺治帝在北京南苑以狩猎的形式，不拘礼节地迎接会见了五世达赖喇嘛，还赏给金、银、大缎、珠宝、玉器等大量礼品。达赖喇嘛为专程自大漠南北、山西五台山赶到北京的蒙古科尔沁秉图王及汉族僧侣，为御前侍卫拉玛，为成百数千人讲经传授各种法戒，撰写启请、发愿、赞颂及祭祀祈愿文等等，所接受的礼金、各类礼品、法器以及社会各阶层馈赠的礼品不可胜数。

顺治帝像

妙应寺白塔

公元 1653 年，顺治帝赐给五世达赖喇嘛金册金印，封他为"西天大善自在佛所领天下释教普通瓦赤喇恒喇达赖喇嘛"。自此，清中央政府正式确认了达赖喇嘛在蒙藏地区的宗教领袖地位，历辈达赖喇嘛经过中央政府的册封遂成为制度。同时，清政府还给固始汗赍送以汉、满、藏三体文字写成的金册金印，封固始汗为"遵行文义敏慧顾实汗"，承认他在藏族地区的汗王地位。

藏传佛教艺术也伴随着藏传佛教与中央政府的密切交往而被介绍到内地，主要包括佛塔、佛寺的兴建和金属、石刻造像及木刻。其中有许多重要文物遗留至今，如北京妙应寺白塔、居庸关云台、杭州飞来峰密教石刻等。

三 华宝璀璨的佛宝收藏

扎什伦布寺十世班禅灵塔

扎什伦布寺的灵塔是历代班禅的舍利塔。舍利，梵语音译为"设利罗"，译成中文为灵骨、身骨，是有大德的高僧圆寂以后，经过火葬后所留下的结晶体。佛经上说，舍利是一个人透过戒、定、慧的修持、加上自己的大愿力所得来的，所以一般只有德行和修为高深的大师圆寂后才能在其骨灰中找到舍利子。

四世班禅罗桑确吉（1567—1662年）的灵塔十分豪华，是扎什伦布寺最早的灵塔殿。这座灵塔殿堂，于公元1666年建成，灵塔高11米，花费黄金2700余两，白银3.3万两，铜7.8万斤，绸缎9000余尺，此外，还有珊瑚、珍珠、玛瑙、松耳石等宝石共7000多颗，雍容华贵。

四世班禅罗桑确吉是西藏历史上极有影响的人物，班禅活佛转世系统就是从他开始的。他担任该寺的第十六任法台后，弘法教义、广收弟子，创办了"默朗"大会，并规定会制，修建了礼玛拉康和阿巴扎仓（密宗院）。据史料记载，当时藏巴汗王对格鲁派进行了残酷的迫害，罗桑确吉和五

世达赖喇嘛罗桑嘉措共商对策，协助固始汗
率兵进藏消灭了藏巴汗，完成了西藏的统一。
公元 1645 年，固始汗给罗桑确吉赠送了"班
禅博克多"的尊号。"班"是维吾尔语智慧
之意，"禅"是藏语大的意思，"博克多"
是蒙古语对睿智英武人物的尊称。班禅活佛
转世系统从这时正式建立起来了，并被认为
是"无量光佛"的化身。由于他对格鲁派作
出的突出贡献，僧徒们为纪念他，建造了这
座豪华的灵塔殿堂。

　　五至九世班禅合葬灵塔殿"扎什南捷"，
一度曾遭到重大破坏，1985 年起，中央拨
专款 780 万元、黄金 217．7 斤、白银 2000

四世班禅罗桑确吉灵塔

华宝璀璨的佛宝收藏

扎什南捷殿门

扎什南捷

扎什伦布寺

斤、紫铜 11277．5 斤、水银 1330 斤，宝石、
珍珠适量以及大量建材，修复了该塔。扎什
南捷总面积为 1933 平方米，高 33．17 米。
灵塔由银包金裹嵌满珠宝，塔基为四方形，
四个台阶象征须弥山的四个阶层；灵塔上有
半月形、太阳形和火焰形饰物：太阳象征宇
宙，火焰象征苍天，月亮象征空气。屋顶覆
盖紫铜镏金，小金顶以精美的法轮、金羊装
饰。灵塔殿四壁以绘有历代高僧的画像装
饰。塔身内安放五世到九世班禅的遗骨，宝瓶处
安装有九世班禅曲结尼玛的塑像；底层装有
黄金豌豆粒大小各一块、白银马掌两个、各

种粮食共 16823．15 公斤等，物品达数种之多；塔瓶下部的经书有《甘珠尔》1 套，各宗教大师的传、经论 1263 部，木刻印刷佛像 6797 张，各种类型的经书 595820 张。十世班禅大师曾说："扎什南捷的建成，是藏汉人民共同劳动的结晶，是西藏广大僧、俗人民爱国主义精神的具体体现，是藏汉民族团结的象征。"

"释颂南捷"是第十世班禅额尔德尼确吉坚赞大师灵塔祀殿。这座灵塔内存放着圆寂于 1989 年的十世班禅大师的法体，他的塑像立于灵塔前。关于灵塔位置的来由，还有这样一个故事：1989 年，班禅大师在阔别日喀则很长时间之后，重返扎什伦布寺，当他漫步于寺中的时候，看到寺中的 3 栋主要建筑，但是 3 栋建筑的中间却空出了一块地方，便说这样闲置着实在可惜了。没想到一语成谶，几天之后，大师就因为操劳过度而圆寂了，后人为了纪念他，就把他的灵塔修在大师曾经感觉闲置了可惜的空地上。大师生前是我国一位伟大的爱国主义者、中国共产党的忠诚朋友、中国藏传佛教的杰出领袖。大师圆寂之后，国务院拨款为大师修建一座供奉法体舍利的金质灵塔，这座灵塔命名为

扎什伦布寺十世班禅灵塔

十世班禅大师故居

"释颂南捷"，意为天堂、人间、地下三界圣者的灵塔祀殿。

"释颂南捷"大殿总建筑面积为1933平方米，高度为35.25米。祀殿主体为钢筋水泥框架结构，用花岗岩砌成，殿墙厚度达1.83米，达到八级防震要求。"释颂南捷"是20世纪50年代以来国家投资最多、建筑规模最大的一座寺院灵塔。灵塔以金皮包裹，遍镶珠宝，共用宝石868个、珠宝24种共6794颗，其中大小钻石4颗、猫眼石和玛瑙587颗、松耳石1627颗、红珊瑚1760颗、白珊瑚587颗、翡翠46颗，还有大陨石1个、金制"噶乌"（护身符）13

个、琥珀445个。塔内装藏十分丰富，底层
装有各种粮食、茶叶、盐、碱、干果、糖
类和药材、袈裟、藏装，还有金雕镶嵌马鞍
1个、银座2个、珠宝50多公斤、稀世珍宝《贝
叶经》2卷、金汁书写的佛经1套，中层装
有各种版本的藏经和历代班禅的经典著作，
上层装有佛经和佛像。十世班禅大师的法体
安好地放在众生福田的中央，周围摆有各种
宗教用品、袈裟、唐卡、佛经、佛像。塔身
覆盖具有民族、宗教特色的金顶，加上一排
经钟，金光闪闪、雄伟壮丽。

（二）佛祖圣像——能工巧匠的旷
　　　世精品

在扎什伦布寺的强巴佛殿中，供奉着世

十世班禅故居

华宝璀璨的佛宝收藏

扎什伦布寺供奉的强巴佛

界上最高的佛像——强巴佛。强巴佛，即汉地佛教的弥勒佛，是藏传佛教三世佛中的未来佛。三世佛即过去佛燃灯古佛、现在佛释迦牟尼佛和未来佛弥勒佛。"弥勒"是梵文的音译，意思是"慈氏"。据说此佛常怀慈悲之心。窥基在《阿弥陀经疏》中解释说："或言弥勒，此言慈氏。由彼多修慈心，多入慈定，故言慈氏，修慈最胜，名无能胜。"他的名字叫阿逸多，即"无能胜"。

由于弥勒作为未来佛在信徒心目中地位非常崇高，因此弥勒佛在佛教僧人的眼中形象应该是巨大的。资料表明，最大的

弥勒木雕像在北京雍和宫万福阁（又称大佛楼）。佛像高 18 米，埋入地下部分 8 米，总长 26 米，由一根完整的白檀香木雕成。最大的石雕弥勒佛像则为四川凌云大佛，此佛立于四川乐山市岷江东岸凌云山上，大佛依断崖造成，坐像世称"乐山大佛"。通高 71 米，肩宽 28 米，雕像相好庄严，比例匀称，气魄雄伟，临江端坐，也是世界第一石刻坐佛像。而世界上最高的铜坐佛即为西藏日喀则的扎什伦布寺的强巴佛像，强巴佛呈坐姿，高 26.2 米，底座有 3.8 米，佛身高 22.4 米，肩宽 11.5 米，佛脸长 4.2 米。耳朵长 2.2 米，佛手长 3.2 米，中指粗 1 米，脚长 4.2 米，

袒腹大肚、喜笑颜开的笑口弥勒佛像

鼻孔内可容纳一个人。佛像面部上嵌满了珍珠宝石，眉宇中间有一颗圆圆的"白毫"，是用 1 颗核桃大的钻石、30 颗蚕豆大的钻石、300 颗珍珠，以及上千粒珊瑚、琥珀、绿松石镶嵌的。整尊佛像用去黄金 278 公斤、紫铜 11.5 万公斤。强巴佛铜像坐北朝南，俯瞰着整个寺宇楼群，是藏族工匠巧夺天工的杰作。

在汉族的文化里，弥勒佛的形象都是双耳垂肩，笑口大张，袒胸露腹，一手按大口袋，一手持佛珠的形象。据说，这与一个名叫契此和尚的形象有关：据《宋高僧传》等记载，契此和尚是五代时明州（今浙江宁波）人。他经常手持锡杖，杖上挂一个大布袋，在江浙一带行乞游化。他身材矮胖，大腹便便，四处为家。他有一项特别的本领，就是能预知天气晴雨，天要下雨的时候，他就穿着湿布鞋；将是天晴的时候，他就换上木屐了，后来大家都发现他的预知非常灵验。由于他总是背着大口袋，故被民间百姓称为"布袋和尚"。后来，契此和尚在明州岳林寺庑下的一块磐石上坐化，圆寂前曾留下一偈子："弥勒真弥勒，分身千百亿，时时示时人，时人自不识。"于是后人认为他是弥勒转世，并按"布袋和尚"的形象塑成袒腹大肚、喜笑颜开的笑口弥勒像。

强巴佛像

　　但是，在藏传佛教里，弥勒佛却是另一种不同的形象。强巴佛铜像的面庞和肌肤细嫩，看上去如有弹性，佛体丰满、线条优美。他盘坐于莲盘之上，端庄秀丽、雍容优雅，给人以一种娴静、慈祥的感觉，似乎在佛像的面前，所有的忧愁全部烟消云散。

（三）经典藏经——佛家思想的精
　　　华收藏
　　扎什伦布寺除了藏有价值连城的佛

像、佛塔、唐卡等外，还有手写的《贝叶经》
和用金粉抄写的正藏《甘珠尔》，包括经
和律，副藏《丹珠尔》，包括论著等内容，《般
若经》64部及达赖、班禅、宗喀巴的典籍等。
在时轮殿的四壁书架上藏有许多古代藏文
经典，印经院藏有著名佛经和历世班禅传
记的印版，其中以30多卷本的《宗喀巴传》
最为有名，流传甚广。

（四）绝世袈裟——独一无二的华
美珍品

"袈裟"又叫做"袈裟野"或"迦罗沙
曳"，意思是"浊、坏色、不正色、赤色"
或"染色"之义。"袈裟"是僧尼们的"法

强巴佛像

扎什伦布寺

强巴佛身披袈裟像

衣"，它是以衣服的颜色命名的，所以也可以把它叫做"坏色衣"或"染污衣"。关于袈裟的来源，有这样一种说法：和尚要游走四方化缘，他们化的可不止百家饭，还有百家衣。旧时社会经济不发达，寻常人家可能没有非常完整的衣服，所以有时候能捐助给和尚的甚至就是一些零碎的布头，和尚就把每户人家所施舍的布都缝制起来，做成衣服，这样的衣服是由成百块布拼凑而成的，所以也叫"百衲衣"。

扎什伦布寺的强巴佛现披的袈裟是世界上最大的袈裟。据说，该袈裟是1957年更换的，是强巴佛铜像第二次更换袈裟，更换

强巴佛铜像身披吉祥彩带等精美饰物像

袈裟的仪式由班禅大师亲自主持。我们可以想象得到，当初强巴佛铜像身披迎风招展的吉祥彩带，在震天的唢呐声和法号声中，披上雍容华贵的世界最大的袈裟的壮观场面。据说，该袈裟的制作，用了各种丝缎和绸缎 3100 多米，丝线 26 斤，还不包括花边丝。为了赶制这件新袈裟，六位裁缝师傅不分昼夜地缝制，花了一个半月才完工。新袈裟的做工非常精湛、完美，确实是一件精致华贵、价值连城的珍宝。

四 佛法传承 普度众生

松赞干布塑像

（一）藏传佛教概况

佛教"前弘期"：对于佛教是如何传到西藏的，有这样一个有趣的神话故事：大约在公元5世纪，有一天，吐蕃王室的祖先拉托多聂赞在雍布拉康屋顶上休息，突然几件佛教宝物从天而降。国王琢磨了很长时间也弄不清楚它们的用途，正在百思不得其解之际，只听见空中传来一个声音说："在你的五代以后，将有一个懂得使用这些东西的赞普（吐蕃王朝的国王）出现。"后来，果然经历了五代以后，佛教就在西藏产生和发展了。

文成公主塑像

　　当然，这仅仅只是一个神话故事而已。藏文史籍说，那些佛宝是印度人带来的，但是当时的西藏人并不了解佛教，故佛教也没有产生和发展起来。佛教的传入，是随着文成公主进藏的历史事件发展起来的。相传文成公主笃信佛教，在她丰厚的嫁妆中，就有一尊宝佛像。公主进藏以后，将汉传佛教带到西藏，修建起拉萨著名的大、小昭寺，随公主前来的工匠也陆续修建寺庙，随同前来的佛教僧人开始翻译佛经，佛教开始从尼泊尔和汉地传入西藏。

　　松赞干布去世后，各方权贵展开权力之

噶玛拔希像

争，西藏陷入半个多世纪的动荡战乱之中。直到松赞干布的曾孙赤德祖赞时，佛教事业才得以大力发展。公元710年，赤德祖赞也向唐朝请婚，迎娶了金城公主。金城公主到吐蕃后，继续大力开展和发扬佛教事业，把文成公主带去的佛像移迁至大昭

寺供奉，并安排随行僧人管理寺庙，开展各
种宗教活动，以弘扬佛法。金城公主还广纳
各方僧人，为他们修建了 7 座寺庙，但是，
这些举措的开展并不顺利，引起苯教大臣们
的强烈不满。他们极力打击和压制佛教，一
直到赤德祖赞的儿子赤松德赞掌权后，佛教
发展趋势才得到改善。

　　为巩固王权，赤松德赞以佛教为号召，
打击借苯教发展异己势力的大臣。他请来印
度著名僧人寂护和莲花生。寂护大师曾主持
第一座建有僧伽组织的桑耶寺奠基仪式。建
寺后，为 7 名贵族子弟剃度出家，史称"七

赤松德赞像

佛法传承　普度众生

觉士"，开创了西藏佛教史上自行剃度僧人的先河。公元750年，莲花生大师接受吐蕃（西藏）国王赤松德赞迎请，来到吐蕃（西藏）弘法，创建桑耶寺，教授藏地皈依弟子，开创了西藏的密宗道场，发展了出家、在家两种僧团，从而奠定藏传佛教密乘之基础。

在邀请印度高僧的同时，赤松德赞还派近臣前往内地请僧人到西藏各地弘法教义。同时，请求唐朝派僧人去西藏弘扬佛法。其中，受人尊敬的大乘和尚摩诃衍，就是汉族僧人在西藏的杰出代表。此后，历代

桑耶寺全景

扎什伦布寺

桑耶寺一景

赞普都大力提倡佛教，兴寺建庙，翻译佛经，以僧人参政的制度形式削弱大臣权势。

王室利用佛教巩固王权的行为，激化了与苯教大臣的矛盾。公元 842 年，苯教大臣趁机谋害了国王赤松德赞，掀起一场大规模的灭佛运动，佛教受到重创。此后的很长一段时间内，西藏陷入各个势力割据一方的混战分裂状态，藏传佛教"前弘期"至此结束。

佛教"后弘期"：公元 10 世纪初，原割据一方的吐蕃权臣，形成了各地的封建势力，由于他们积极开展兴佛活动，佛教又得以在西藏复兴。此时的佛教是在与苯教进行

佛法传承 普度众生

的三百多年斗争的产物，佛教与苯教互相吸收、互相融合，并随着封建因素的增长，逐渐完成了其西藏化过程，故此时的佛教与吐蕃佛教相比较，无论在形式或内容上都有很大不同。藏传佛教的形成标志着佛教步入"后弘期"。

到 11 世纪中叶以后，佛教又分支为宁玛、噶当、萨迦、噶举、格鲁、希解、觉宇、觉囊、郭扎、夏鲁等教派。后 5 个教派由于势小力弱，先后融于其他教派或被迫改宗其他教派，均消失于历史长河之中。影响较大则有格鲁派 (黄教)、宁玛派 (红教)、噶举派 (白教)、萨迦派 (花教)、噶当派 5 个教派。

格鲁派 (黄教)，是 15 世纪西藏佛教史上的著名宗教改革家宗喀巴在推行宗教改革过程中形成的，也是藏传佛教中形成最晚的一个教派。宗喀巴生在佛教日渐腐朽、在社会上逐渐失去民心的时代。面对这种令人痛心疾首的局面，宗喀巴以重视戒律为号召，自戴黄帽以示自律，同时，到处讲经说法，著书立说，抨击僧人不守戒律，积极推进西藏佛教改革。他还发起祈愿大法会，法会后，宗喀巴建立著名的

宗喀巴圣像

甘丹寺，创建起严守戒律的格鲁派（格鲁，藏语意为善律）。黄教创建后，其弟子又秉承其志，相继建立起哲蚌寺、色拉寺、扎什伦布寺、塔尔寺、拉卜楞寺，它们与甘丹寺一起并称为格鲁派的六大寺院，在格鲁派后世的发展中，各地的寺院如雨后春笋般群起林立。此外，达赖、班禅两个最大的活佛转世系统也是由黄教创建的。由于宗喀巴及其追随者戴黄色僧帽，故又称"黄教"。

宁玛派（红教），产生于公元11世纪，是藏传佛教中最早产生的一个教派。该教

甘丹寺建筑群

扎什伦布寺

派重视寻找和挖掘古代朗达玛灭佛时佛教徒藏匿的经典，并认为自己是公元 8 世纪吐蕃时代传下来的，因而古旧，所以称宁玛 (藏语意为古、旧)。宁玛派的思想深受汉族佛教影响，因此与内地禅宗"明心见性"说法相似。宁玛派的传播很广，不仅沿袭于中国藏区，在印度、尼泊尔、希腊、美国等国也均有发展。事实上，该教派也吸收和保留了大量苯教色彩。由于该教派僧人只戴红色僧帽，因而又被称为"红教"。

噶举派 (白教)，创始于 11 世纪，重视密宗学习，而密宗学习又必须通过口耳相传，

甘丹寺建筑一角

佛法传承 普度众生

萨迦五祖像

故名噶举（藏语口传之意）。噶举派实力雄厚，支系最多，在过往的岁月里，有的支系直接控制着西藏地方政权，有的则是独占一方的封建势力。因该教派创始人玛尔巴和米拉日巴在修法时都穿白色僧裙，故噶举派又被称为"白教"。

萨迦派（花教），创始于 1073 年，出现过历史上著名的"萨迦五祖"。其中，

永乐皇帝像

萨迦五祖之一的八思巴成为元朝中央的高级官员，被封为"国师""帝师""大宝法王"，萨迦派也由此成为元朝在西藏统治的代表。在明朝时期，萨迦派高僧贡噶扎西朝见了永乐皇帝，被封为"大乘法王"。由于该教派寺院围墙上涂有象征文殊、观音和金刚手菩萨的红、白、黑三色条文，故又被称为"花教"。

噶当派，创建于 1056 年，该教派以修习显宗为主，主张先学显宗，后学密宗，其教法传播其广，藏传佛教各教派均受其影响。但是当 15 世纪格鲁派兴起后，原噶当派僧

西藏布达拉宫

人和寺院都汇入格鲁派一派，从此噶当派在佛教历史舞台上消失。

（二）活佛转世制度

"活佛"原指宗教修行中取得一定成就的僧人。直到活佛转世制度创立之后，它才成为寺庙领袖继承人的特称。

关于活佛转世制度的确立，有一个说法是这样的：公元1252年，蒙古大汗蒙哥封高僧噶玛拔希为国师，并赐给其一顶金边黑帽及一颗金印。噶玛拔希圆寂前要求弟子寻找一小孩作为转世灵童继承黑帽，以将本教派既得利益保持下来。他认为佛教意识是不灭的，能够经历生死轮回转世

喜马拉雅山风光

再现。弟子秉承师命，从此以后，黑帽系活佛转世制度就建立起来了，藏传佛教各教派也纷纷效仿，相继建立了许多的活佛转世系统。这一活佛转世系统历经近八百年，仍在传承。其中，最大的两个活佛转世系统就是达赖转世系统和班禅转世系统。

达赖活佛转世系统创建于16世纪。清初，顺治皇帝封五世达赖喇嘛为"西天大善

五世达赖朝觐顺治帝图
五世达赖银像

自在佛所领天下释教普通瓦赤咖恒喇达赖喇嘛"，从此"达赖喇嘛"的称呼正式确定下来，并传承至今。

班禅活佛转世系统则出现于1713年，清政府册封班禅为"班禅额尔德尼"。从此班禅转世系统也确立下来。

1793年清政府创建金瓶掣签制度，规定寻找活佛灵童的方法是：邀集四大护法，将灵童名字及出生年月，用满、汉、藏三种文字写于牙签牌上，放进瓶内，然后选派有学问的活佛，祈祷七日，最后在大昭寺释迦佛像前正式认定。金瓶掣签后，驻

金瓶掣签金瓶

藏大臣、寻访灵童负责人要将掣签所得灵童的情况报告中央政府，经中央政府批准后，才能举行坐床典礼。金瓶掣签制度的确立，是对藏传佛教活佛转世制度的完善。

（三）扎什伦布寺的僧侣生活

根据相关资料介绍，格鲁派倡导显密兼修，先修显宗后修密宗，因此，初入扎什伦布寺的僧侣要分十三级依次学习五部经论，

扎什伦布寺白塔

即因明学、般若学、中观论、戒律论和俱舍论。此外，僧侣还要学习宗喀巴及其弟子和格鲁派高僧为五部经论所著的论释。学完这些课程后，可申请参加学位考试。取得学位的僧人就有资格出任亿仓的堪布（相当于汉传佛教寺院中的方丈）。也有的僧人完成显宗的修习之后，继续入密宗扎仓修习更加精深的密宗经法。一个僧人要完成密宗的全部修习次第，往往要苦修数年以至数十年，因此不少僧人因种种原因中途辍修。

寺中僧人的职务可以分为以下几种：

一、修习显、密宗的学经僧人，藏语称"贝恰哇"，意即读书人。这部分僧人有机会通过学经阶梯，获取学位，成为候升僧官的人选。

二、受过各种宗教职业训练，专门在民间人事祈福禳灾、超度亡魂、念经占卜的僧人。

扎什伦布寺建筑一角

三、具有某种专门技能和知识的工艺僧。他们担负雕塑、铸像、绘画，以及刻印经书、医治疾病等项工作。

四、从事各种繁重劳动和差役的杂役僧。

以上四类都属于一般僧众，是僧侣中的大多数，他们之上是各级执事僧。另外，扎

佛法传承　普度众生

什伦布寺中还有活佛数十人，这些活佛全部都是由转世制度承袭而来的，是扎什伦布寺的管理者。

（四）扎什伦布寺现今的盛大节日

扎什伦布寺作为格鲁派在后藏最大的寺院，并且是历代班禅额尔德尼的驻锡地，在六百年的发展中，形成了自己独特的宗教文化环境，表现之一就是，扎什伦布寺的宗教节日极多，这些节日主要有：大祈愿法会、萨噶达瓦节、林卡节、西莫青波、天降节、扎寺阿巴扎仓朝佛日、展佛节、燃灯节。

大祈愿法会现场

扎什伦布寺

大祈愿法会，也叫传大召，公元1409年由宗喀巴在拉萨首创。会期为每年藏历1月4日至25日。

大祈愿法会的主要活动有迎请护法神、辩经、诵经等。届时拉萨各大寺院僧侣和西藏各地的信徒云集拉萨，到大昭寺朝拜。节期每日发放三次布施。15日夜晚，八象街陈列酥油灯、酥油花，供人观赏，人们歌舞欢庆，彻夜不息。法会最后以送鬼仪式宣告结束。在此期间，扎什伦布寺也举行祈愿大法会。

点燃灯烛，朝拜祈愿

萨噶达瓦节，又称佛吉祥日，是藏传佛教的传统节日，意为月圆日。萨噶达瓦是佛陀诞生、成道、涅槃的吉祥日子。因各个教派使用的历法不同，所以具体日期还是各有差别的，绝大多数教派规定为每年藏历四月十五日为佛诞节，但安木多地区由于使用的是汉族农历，因此安木多地区的藏族人民以每年四月八日为佛诞节。

从萨嘎达瓦的第一天开始，人们就按约定俗成的环形线路行走、祈祷和预祝农牧业生产丰收，到藏历十五这天，藏族男女老少身着节日盛装，转经念佛，节日气氛达到高峰。萨嘎达瓦节历来沿袭着富人

接济穷人的传统。

　　萨嘎达瓦节一般持续整整一个月的时间，节日期间也有许多风俗和禁忌，例如：笃信藏传佛教的藏族群众，都要朝佛念经，磕长头，禁止屠宰牲畜，积功德。虽吃牛羊肉，但他们不亲手宰杀；喝酥油茶时，主人倒茶，客人要待主人双手捧到面前时，才能接过来喝；忌在别人背后吐唾沫，拍手掌；经筒、经轮不得逆转；忌讳别人用手触摸头顶；进寺庙时，忌讳吸烟、摸佛像、翻经书、敲钟鼓；对于喇嘛随身佩带的护身符、念珠等宗教器物，更不得动手抚摸等等。

　　林卡节，日喀则人过林卡节，每年公历6月1日开始，一般5—7天。将逛林卡作为一个节日放假休息，则是日喀则地区的一大特色。

　　关于日喀则的林卡节的来历，还有许多古老的传说。相传在很久以前，日喀则城里的男人们要在春暖花开的日子一早骑着毛驴到远郊朝见"莲花佛"，而妇孺则带上食品聚集近郊，迎接观神得福的亲人们归来，然后汇集于路旁的林卡之中。后来，这一活动增加了比试坐骑毛驴及射箭等比

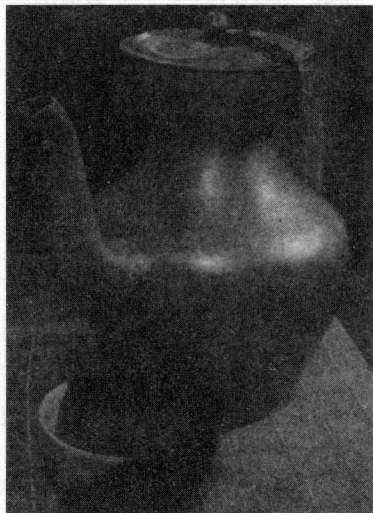

酥油茶

贡觉林卡风光

赛内容，以丰富节日内容和增加趣味性。

解放以前，只有大领主及生活较富裕的中上层人士能到林卡消暑度假。他们在林卡里穿着艳丽服装，搭起一个比一个高大的帐篷，露宿在林卡里狂欢，而在帐篷周围，却总有一群群衣衫褴褛的"帮古"（乞丐）和卖唱的流浪艺人眼巴巴地等待施舍。

解放后，西藏人民生活逐渐富裕，逛林卡已经成为其幸福生活的一个重要内容。每当林卡节到来前的三五天里，城里人家家户户都来到市郊的贡觉林卡、新宫林卡、达热瓦林卡早已搭好了的帐篷。帐篷大都是白色的，绣着蓝色的吉祥图案，朴素而美观。还有的人家就用帐闸围出一个小小的环境，帐闸颜色很鲜艳，五颜六色，美不胜收。人们在帐篷或帐闸里，架起炉灶，安置桌椅，野炊、娱乐，有时还观看电影、文艺演出和藏戏，进行传统射击、竞技比赛。班禅大师在此期间也在德庆格桑颇章宫居住十日，属下的僧俗官员随同前往。由于林卡节深受人们的喜爱，每年的林卡节已经成为日喀则人民法定的节日。

西莫青波，通常在藏历8月上旬举行。节日期间，扎什伦布寺僧人在公觉林夏宫

金刚驱魔神舞表演

扎什伦布寺

举行大型跳金刚驱魔神舞盛会。跳金刚神舞的目的是为了驱逐敌魔、排除孽障，使众生来世永享神佛之依怙。跳神的表演者由班禅大师直属的孜滚康僧院的喇嘛组成，通常伴奏的乐队有100多人，其中3米多长的法号8支、金唢呐8支、铜钱16副、大羊皮鼓12面。一天跳16场，主神是具誓法王唐青曲杰；第二天又跳16场，主神为护法神岂丑巴拉；第三天唱藏戏，跳"噶巴"斧钺舞，跳狮子舞、牦牛舞、孔雀舞、六长寿舞，集西藏民间艺术之大成。

跳神结束后，还有深受人们欢迎的抢酥油炸面果活动。酥油炸的面果在跳神场一侧

堆积成墙，所有的观众都向这面油炸面果"墙"冲过去，你争我夺，好一派热烈景象。按传统说法，谁抢的面果最多，谁的福气最大，因此都兴致盎然、积极参与，抢起面果来像摔跤比赛一般热烈非凡。除了抢酥油炸面果活动，神舞盛会结束后，要演唱十余日的藏戏，民众可以随意入内观看。

佛母摩耶夫人像

天降节，每年藏历 9 月 22 日举行。相传在释迦牟尼诞生的第七日，生母摩耶夫人因野外生产生病而离开了人世。摩耶夫人离世后其灵魂对其子很是想念，所以，释迦牟尼成道以后，为报母恩，前往天宫为生母说法，三个月后摩耶夫人从天宫三道宝阶下到人间。世人为了纪念释迦牟尼和他的母亲，在每年这天，开放寺院，广大僧众依照惯例诵经一天，向释迦牟尼像进香朝拜，接迎佛祖重返人间，弘扬佛法，普度众生。

扎什伦布寺阿巴扎仓朝佛日，即藏历 12 月 22 日。这一天平时关闭的佛殿一律会开放一日，引得远近信徒竞相来寺朝拜。另外，12 月 29 日，寺院还举行跳金刚驱魔神和送鬼仪式，以示辞旧迎新。

展佛节，扎什伦布寺的展佛节为每年藏历 5 月 14 日至 16 日，由一世达赖喇嘛首次举办，

扎什伦布寺展佛节

至今已有五百多年的历史了。

展佛节期间，各地的信徒、香客都云集日喀则城，数不胜数的帐篷按照传统规矩驻扎在扎什伦布寺的周边，信徒们认为一睹佛容可以积累无上的功德。

矗立在扎什伦布寺北面的尼玛山腰上的展佛台，高32米、底长42米，是日喀则城里最高的建筑物。5月14日，扎什伦布寺展示过去佛、燃灯古佛巨像；15日，展示现在佛释迦牟尼的巨像；16日，展示未来佛弥勒强巴的巨像。由彩缎装饰的佛像高高挂在展佛台上，面幅甚至达到900

扎什伦布寺燃灯节

平方米，显得气势宏大、威武壮观。人们在日喀则市区和年楚河平原的任何地方都能看到佛像。

燃灯节，每年藏历 10 月 25 日。传说藏历 10 月 25 日是藏传佛教格鲁派创始人宗喀巴大师圆寂成佛的日子，为了纪念这位杰出的一代宗师和祈愿大师赐予善良的人们以吉祥幸福，各黄教寺庙和信徒每逢燃灯节就要举行诵经、磕头、灯供仪式等隆重的祭祀活动，作为黄教的四大道场之一，扎什伦布寺也不例外。这天晚上，在扎什伦布寺的佛塔周围、殿堂屋顶、窗台、室内佛堂、佛金、供桌上均会点酥油供灯，把寺庙照得灯火通明，远远望去，星星点点的供灯犹如繁星落地。俗家屋顶也要点亮单数盏的酥油灯，还有吃面疙瘩汤的风俗。

为了纪念大师和祈福，人们穿上节日的盛装，聚集在寺院前，高诵"六字真经"，向神灵磕头祈愿。男人们带上柏香树枝，到村旁的神塔前，向天空抛撒印有狮、虎、龙、鹏的"龙达"（风马），举行盛大的煨桑仪式。

法铃

扎什伦布寺

（五）朗朗圣光照众生，悠悠佛乐洗凡尘

佛教从印度流传到中国，最古宣传弘扬的方法，只是翻译佛经。后来，云栖寺聪明的古德法师觉得只是靠佛经的翻译流通，不能够使佛教在广大的群众中推广和普及。因此，又创建了三种弘化的方法：即一是经文的朗诵；二是梵呗的歌唱；三是经文演绎成通俗的故事。在弘法的方法中，音乐的功用是很大的，它可以陶冶性情、修养身心，尤其是在宣传佛法上有极其重要的价值。众多的弘化方法中，用音乐来教化众生，是最方便的，佛乐的传播不分国界、民族、年龄、男女，只要是用心的人，即使听不懂和尚的唱赞，也会在梵曲声声中有所感悟，达到唱者与听者心灵的感应，例如丛林寺院里传出的钟声、念佛声、佛教合唱团播出的赞佛声、歌咏声，庄严、肃穆、柔和、恬远，都能激发起人们佛教信仰的情绪。

藏传佛乐中的羌姆音乐、诵经音乐、习俗乐曲及葬礼音乐今日仍然沿袭传统藏族音乐特色，但是，各寺各教派又有

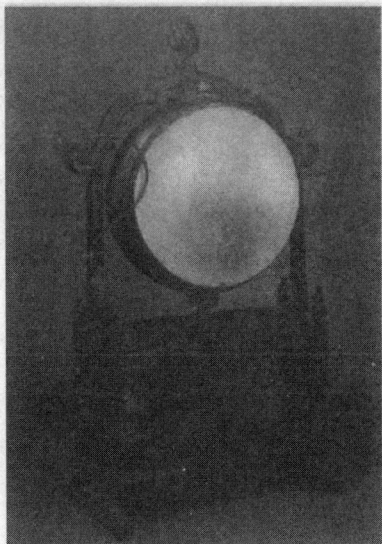

鼓是藏传佛乐的古老乐器之一

胫骨号

自己独具特色的曲调、乐器、演奏技巧和记谱方法，各有一整套独特的理论和演奏体系。藏教佛乐的曲调最为丰富，有独奏、合奏及连奏三种，以铜钦及甲铃为伴奏；乐器主要是鼓、钹、法铃、胫骨号，多做伴奏之用。如引经、集体诵经曲、由觉域派开创的安魂

乐曲（葬礼乐）、六字箴言曲及曼陀罗曲，均用宗教乐器伴奏，烘托了宗教活动所需的效果。

牦牛皮鼓

　　藏族的习俗音乐也是宗教的仪式音乐，例如著名的剧目《松赞干布和文成公主》《智美更登》《诺桑王子》《卓瓦桑姆》《赤松

藏戏表演

德赞》等都是由僧人来演奏和诵唱的；宫廷乐也是作曲、演奏、器乐和表演都十分成熟的音乐体系，现在其传统部分已被吸收到藏族各乐种及藏戏之中。五世达赖时兴起的"供云乐舞"，是宫廷乐舞，来源于拉达克，经改造后乐曲达五十多曲目，内容含有汉地苏武牧羊曲调等。这些宗教音乐至今多被沿用。演奏场所多在布达拉宫、扎什伦布寺、萨迦寺、龙王潭、八廓迎宝会以及昌都、察雅、止贡等寺内。一句佛号可以在悠悠的钟声中唱上千年，成为绝唱，永不乏味。

五　永恒的艺术　永恒
的情韵

（一）扎什伦布寺与羌姆

羌姆是一种宗教舞蹈，也称"跳神"，它起源于西藏。关于羌姆还有一个生动有趣的传说：在佛教传入西藏之初，西藏开始建造第一座寺庙"桑耶寺"的时候，四面八方的飞禽走兽都奔走相助。众兽中有一头大青牛，勤勤恳恳地苦干，为建造寺庙作出了非凡的贡献。但是寺庙建成后，举办庆功大会，大家唯独忘记了邀请大青牛。大青牛羞愤至极，对天怒吼之后，用尽毕生的力气，撞向庙台死去。大青牛死后转世为吐蕃五朝时三大法王之一的赤热巴中的哥哥——达玛。他上辈子怨气未消，

羌姆面具

扎什伦布寺

因此在继承弟弟的王位之后，下令杀戮僧侣，拆毁寺院，焚烧经书来进行报复，这导致了佛教面临崩溃边缘。这时，有一位有志僧人叫巴拉尔道尔吉，他勇敢非凡、机智过人。因为不甘达玛的暴政统治，他决心要复兴佛教，终于想出了跳羌姆除掉暴主的办法。他头戴面具，身穿黑色的袈裟，袖中藏弓箭，天天来皇宫附近跳舞，由于他的舞姿优美，凡是看到的人都赞不绝口。达玛听到了这个消息，非常好奇，也想看看这个奇怪的僧人的舞姿。于是，他下令让巴拉尔道尔吉到皇宫楼台下来跳。果然，达玛不知不觉中也被

羌姆舞

那优美的舞姿吸引，便将身体探出楼台好看得更清楚。这时，巴拉尔道尔吉趁机取出袖中的弓箭，射死了这个暴君。然后，他摘下面具对众人说："风可吹动土，土可盖过水，水可扑灭火，风可镇压龙王，佛可压鬼驱邪。同样我也可以杀死罪恶的皇帝达玛。"事实上，在历史上，达玛确实是吐蕃王朝的最后一个王，而且他也是死于僧人的箭下。后世人们为了纪念这位为复兴佛教作出杰出贡献的大英雄，每年都在寺庙跳羌姆，表达人们打鬼驱邪、拔除不祥的愿望。如今，不仅在藏传佛教各不同教派的寺院中，有跳羌姆的习俗，在青海、甘肃、四川、云南等藏族分布区以及与西藏毗邻的锡金、不丹、尼泊尔和印度北部、孟加拉国、前苏联东南部流传蒙古喇嘛教的广大地区，也都流传着这种奇特的舞蹈。

每年的藏历 8 月，西藏日喀则地区扎什伦布寺僧人表演的藏传佛教格鲁派羌姆，叫"色莫钦姆羌姆"，即观赏大型宗教舞蹈之意。公元 1647 年 (藏历第十一绕迥火狗年)，第四世班禅罗桑确吉坚赞参照桑耶寺历年"曲足"宗教节举行的"莲花生八名号"舞蹈，为扎什伦布寺的护法神"赤巴拉" (六

羌姆舞

永恒的艺术　永恒的情韵

羌姆面具

臂明王的随从、守护世界东方的神将之一)制定驱魔禳灾的仪式，从此建立了扎什伦布寺的羌姆，一直延续至今。

羌姆作为宗教寺庙的一种祭祀活动，不同于其他的宗教活动，它所要求的寺庙庭院、场地、面具、道具、服装都比较特殊，通过舞蹈来体现全部活动内容。根据袁兹在《西部时报》上的介绍，羌姆具体出场顺序、装饰特点、人员结构及道具是：

1、道格希达（猛烈的意思）十三人。面具是大晓布拉（脑颅骨）的样式，上面有 5 个小脑颅骨，小颅骨上面三红色宝石

有铜圈，穿没有领的袈裟，脚蹬长筒布靴子，其中袈裟是黑色带大钱花的蟒袍两件，带各种花的蟒袍两件，鸭蛋色各种花的两件，紫色两件，蟒袍浅绿色，有水纹和各种花的两件，蟒袍蓝色有花的一件，黑色蟒袍两件，手持的各个武器是有藏语传下来的术语。

2、达月额赫（女佛的意思）有二十一人参加，戴面具戴头匝，在手上面戴盏，手持掏独把，身穿黄色有各种花的三件蟒袍，红色有各种花的蟒袍三件，黄色的有花的两件蟒袍，鸭蛋色有花的蟒袍两件，蓝色蟒袍一件，这些长袍的花多数是大钱花、水纹花

和各种花类的，都没有领子，另外，还有一件女肩垫，脚蹬长筒布靴子。

3、阿苏日（苍天的意思）四个人参加，面具、颈部红色的脑颅骨像人头那么大，有五绺黑髯，头上有黑色大盘头，红色短衣裤，腰围短裙，裙外有网状裙子，脚蹬长筒靴子，看起来特别雄壮。

4、查干额布根（白男）面具就是土地爷面具，身穿羊皮塔乎（毛向外的白色长袍子）手持龙头拐杖，脚蹬龙头长筒靴子，看起来特逗人的样子。

羌姆面具

5、阿日哈柱（这个羌姆中叫伊日根的羌姆就是汉族的羌姆）两个人参加，雄壮性的面具，头上有散发，身穿黑色缎子短衣裤，上面有大钱花，腰围各种艳丽色彩的长条裙子，裙子外围着网状户腰，脚蹬黑色有团花的长筒靴子。

6、图赫英（好英海，主管骷髅）四个人参加，两大两小，面具脑颅骨为白色，头上什么也没有，身穿白色短衣裤，手持红色棍棒。各种颜色的璎珞，脚蹬白色长筒靴子,跳羌姆时主要就是起丑角的作用，最逗人，场面上非常活跃。

7、恶日波海（蝴蝶）八个人参加，面

羌姆面具

具脑颅骨，上面有五个小颅骨，小颅骨上面是红色宝石（外围铜圈的），小颅骨和大颅骨之间的箍上还有宝石，身穿条花短衣裤（白色上黑花），戴手套（手套手心是红色，手背是白色），一手持摇鼓，一手持小敲棒。

8、哈兴汗(皇帝)面具人脑颅骨，光头，身穿黄色蟒袍，皇上打扮，脚蹬龙头靴子。

9、六个儿女（哈兴汗的儿女，四女、两男）六个人参加，有面具秃头，身穿各色艳丽绸缎、有花的长蟒袍，跟哈兴汗出场。

以上九部分人物都包含着佛的形象，因此他们的跳法和动作都是离奇古怪的形象。

羌姆是通过独舞、双人舞、群舞的形式来完成的。整个舞蹈，有的见功夫于腿部，有的见功夫于腰部，有的见功夫于肩部，也有的见功夫于臀部。如阿拉哈柱的双人燕碎抖肩、达日额赫的碎步、阿扎拉的拖转下腰、查干额布根的摔克等等。这些舞蹈动作既优美，难度又很大。由于羌姆起源于西藏，整个舞蹈中许多顺手顺脚的动作，明显带有藏舞的韵味。自传入蒙古地区后，随着时间的推移，社会的发展，加之蒙古自身固有的习俗，从而，逐步形成了蒙古本身的风格特点。可以说，羌姆是西藏故事题材加以蒙古化，又形成了和蒙古生活密切结合并具有蒙古风格和特点的舞蹈，也是藏族寺庙舞蹈在吉林郭尔罗斯草原的演变和发展。

跳羌姆的场地主要是在寺庙的庭院内，距寺庙半华里处有一个场地主要用于祭祀活动。在庭院内，庙名前画有直径分别为15米、11米的大小两个圆圈，小圈在内，大圈在外边。跳羌姆的喇嘛都来自寺庙中且所有的动

羌姆面具

永恒的艺术 永恒的情韵

羌姆面具

作都是在这两圆圈线上或圈内完成。就是说，场地的圆圈线对表演者有严格的限制，戴面具是羌姆在装扮上最突出的特点。除二十一个达日额赫戴头盔外，其余各个角色都分别戴着神态各异、形神兼备、生动逼真、栩栩如生的面具。面具分全面具和半面具两种，全面具有牛头、鹿头、狮子头、凤头等；半面具有骷髅、死鬼、白老头等。

使人看了如神鬼境地。羌姆的服饰豪华，多数服装都是绸缎蟒袍，款式独特，袖口呈喇叭状。据说是当年巴拉尔道尔吉跳羌姆，为了藏弓不易被发现而设计，所以，这种袖口一直沿袭下来。道具很别致，刀、斧、剑、戟等兵器都在一尺左右长，似像非像，这些道具的设计、制作都很精巧。

羌姆的伴奏均是吹打乐。乐件有寺庙大号、羊角号、螺号。打击乐件有鼓和大钹。大号长5米，声音深沉，发出"呜—呜"的声音。羊角号、螺号不经常使用，通常用于每场的开头和结尾。乐队的主奏乐件是大鼓和大钹。其中大钹是羌姆的指挥乐器。使用

大法螺号

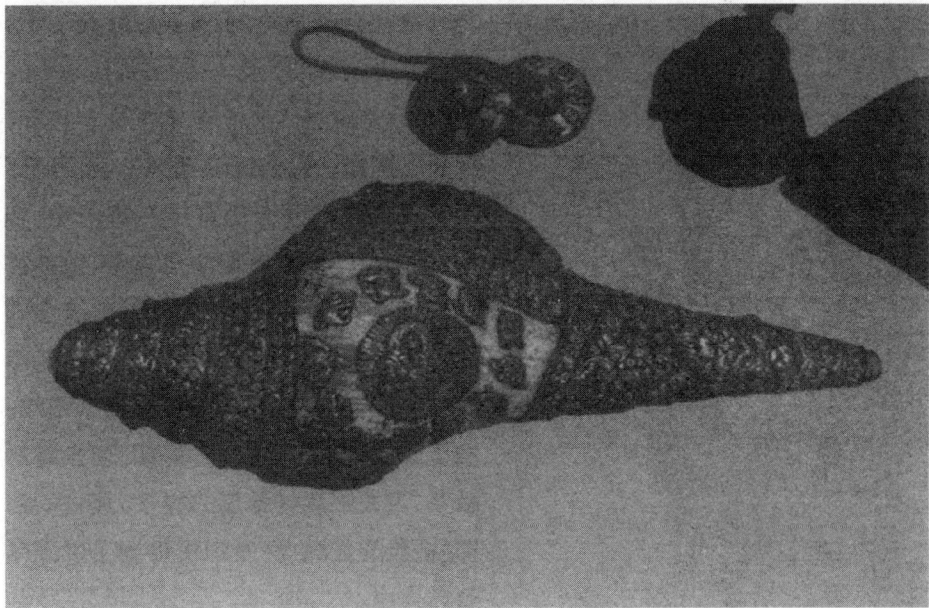

永恒的艺术 永恒的情韵

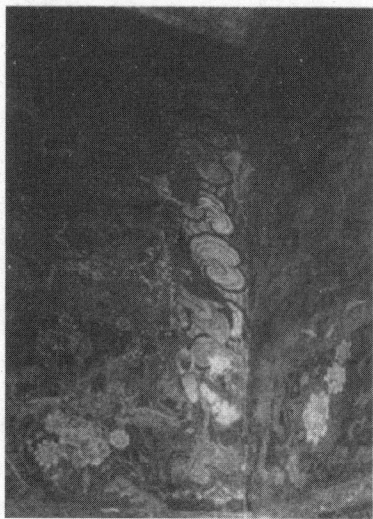

扎什伦布寺壁画

大钹的喇嘛必须掌握羌姆的全部过程和动作，因为跳羌姆的表演者是根据大钹的节奏变化表演的，所以，表演大钹的喇嘛一般都曾经跳过羌姆的主要角色，或是教练者。羌姆的乐队位置通常在庙台上，在庙门的左侧还有念经的喇嘛。

作为罕见的藏传佛教宗庙祭祀舞蹈，扎什伦布寺羌姆具有较高的研究价值，2006 年 5 月 20 日，日喀则扎什伦布寺羌姆经国务院批准列入第一批国家级非物质文化遗产名录。

（二）绚彩壁画，绝美的艺术珍品

在扎什伦布寺的许多大殿灵塔中，我们都可以看到色彩斑斓、栩栩如生的壁画，这是藏族人民的艺术杰作。例如，在强巴佛殿，我们可以看到佛祖传记壁画：在卧佛的前面绘有十几尊佛像，金刚、菩萨等守候在释迦牟尼身旁，他们神态自然，栩栩如生。在卧佛上面的天空则是九位仙女，表现的事件是释迦牟尼圆寂时地面有高僧相送，天上有仙女迎接。佛祖面如满月，双眼似睁似闭，嘴角露着微笑，对未来满怀希望的样子。虔诚的信仰、宗教的狂热，在壁画中得到了淋漓尽致的表现。

据李华东先生的《西藏寺院壁画艺术》
介绍，松赞干布时期可能是西藏寺院壁画艺
术的始兴阶段。这一时期，佛教从印度和内
地两个方向传入西藏，佛教寺院开始在吐蕃
兴建。为了镇伏西藏的诸方神魔，除了兴建
著名的拉萨大、小昭寺以外，当时在吐蕃
中部还修建了"四如寺""四厌胜寺"和"四
再厌胜寺"。随着寺院的大量建造，壁画艺
术空前繁荣起来，涌现出大批杰出的画工，
壁画的艺术水平也得到了极大的提高。但是，
此后因为战乱连绵，壁画艺术没有得到很
好的发展，直到公元8世纪中叶，赤松德赞

扎什伦布寺色彩斑斓的壁画

扎什伦布寺壁画中的老虎栩栩如生

(755—797年在位)即位之后，开展佛教的复兴工作，寺院壁画艺术才开始进入一个新的发展阶段。西藏史籍《拔协》记载，当时桑耶寺的主殿三层均绘有壁画；甬道两侧绘有千佛贤劫出世图，八光明圣者像等宗教壁画，主殿周围的四大洲、十二小洲等建筑也绘有壁画。

吐蕃王朝末期，由于达玛的灭佛运动，

吐蕃的佛寺遭到了很大的破坏。在这次浩劫之前的佛教寺院壁画，已经鲜有保留了。公元9世纪中叶，吐蕃王朝灭亡，西藏陷入长期的分裂割据时代，被称为佛教发展史上所谓的"黑暗时代"。

直到公元10世纪后半期，佛教的"后弘期"到来，佛教势力又兴盛起来，寺院壁画艺术也得到了飞速的发展。此时，涌现出了一批杰出的壁画艺术家，代表人物有：萨迦派佛学五祖之一的13世纪佛教大师贡嘎坚赞、格鲁派的创始人宗喀巴大师、一世班禅克珠杰、加央顿珠、洛扎丹增罗布、绒巴索朗结布等，他们留下了大量宝贵的艺术珍品。在壁画的理论著作方面，《造像量度如意珠》是西藏第一部有关宗教绘画的理论专著，它是由杰出的绘画大师曼拉顿珠著作的；还有《拔协》《贤者喜宴》《铁锈琉璃》等等优秀的作品也是在这一时期出现的。后世壁画绘制主要以《造像量度如意珠》《佛说造像量度经疏》《绘画量度经》《造像量度》作为规范。

在西藏壁画的流派上，大致可以分为"藏孜""康孜"和"卫孜"三大画派。"藏孜"

扎什伦布寺壁画

晒佛节

扎什伦布寺

是指日喀则地区的画，这是西藏形成最早的一个画派。"藏孜"画派的艺术特点是：构图大方，线条简练概括，色彩浑厚凝重，注重情节的刻画等。"康孜"画派主要形成于四川省甘孜藏族自治州一带，所以受汉族艺术影响也很明显，也有人称"康孜"是"甲孜"画派的，即"汉地画派"。"康孜"画派的艺术风格是：构图严谨，造型准确，人物刻画细腻，喜用重彩，因此给人以鲜丽华美的感觉。"卫孜"的意思是"中央画派"，因为该派以拉萨为中心，故也称"拉萨画派"。"拉萨画派"是伴随着黄教的兴起而发端的，所以它的形成相对前两派要晚。有一些高僧既是佛家大师又是这一画派的杰出人物，如宗喀巴、克珠杰、根顿珠巴、桑杰嘉措、曲英嘉措等，他们兼收"藏孜""康孜"两派之长，形成一种舒展大方、沉着稳重的风格。在对这三大画派的评价上，日喀则地区的一些老艺人非常形象地比喻道："康孜"是早晨（比喻清丽明快），"卫孜"是中午（比喻热烈鲜艳），"藏孜"是傍晚（比喻浑厚凝重）——这个比喻极其概括生动、又恰如其分地说明了三派的风格特点。

克珠杰金像

永恒的艺术　永恒的情韵

六道轮回图

西藏寺院壁画的题材十分广泛，通常在寺院大经堂的门廊两侧多绘以四大天王、六道轮回、四瑞祥和图等。而主要墙壁上，常绘上释迦牟尼及佛传、佛本故事图等；护法神殿则为辟邪镇魔，壁画的主题多为金刚；佛堂的两边的壁画一般描绘观音、弥勒、文殊等菩萨。一般来说，释迦牟尼、八大菩萨、十六罗汉、四大天王以及诸护法神，都是必不可少的壁画内容。当然，寺院的教派不同，壁画描绘的本寺高僧也是不同的。壁画所描绘的题材具体可以分为：

莲花生大士

佛传、佛经故事

如描写释迦牟尼一生的十二事迹，如兜率天下降、入胎、诞生、学书习定、婚配赛艺、离俗出家、苦行、誓得大菩提、降魔、成佛、转法轮、示涅槃等场景的"十二事业"。

高僧传记与诸佛肖像

如历史上著名的高僧莲花生、玛尔巴、米拉日巴等人的生平事迹在壁画中均有所反映。画师们按照有关典籍的规定，绘制了各种佛、菩萨、佛母、度母、空行母、天王、护法金刚、诸供养人像等。

宗教建筑与宗教活动

本寺的主要建筑是每座寺院壁画必不可

永恒的艺术　永恒的情韵

因果报应绘画

少的内容，如桑耶寺主殿大回廊壁画，描绘了本寺的五十多座大小不同的殿宇。另外，各种宗教活动，如辩经、跳神、礼佛、弘法等活动也得到了生动的再现。

佛经教义

这些壁画以易懂的形式阐释了佛教的经义，如六道轮回、因果报应等。壁画将抽象的佛经教义具体地反映出来，易于僧俗群众理解，对佛教的传播起到了相当大的促进作用。

历史故事

喇嘛教绘画的特色是根据历史故事作画，在清代，这一特色最为突出。在西藏各寺庙的壁画中，都可以见到"藏王传""法王传""大师传"等历史传记壁画。另外，为人们所津津乐道的历史故事也是非常流行的主题，例如文成公主进藏，有的甚至还以连环画的形式描绘使臣禄东赞向唐朝求婚、文成公主修建大昭寺的故事。如布达拉宫还以生动的壁画形式反映了《清顺治皇帝接见五世达赖图》这一重大历史事件。壁画几乎反映了所有西藏的重大历史事件。

人物肖像

蒙古固始汗像

主要是历代吐蕃的赞普(藏王)、后妃、名臣、历代达赖、班禅及其他著名历史人物的画像。例如蒙古固始汗的画像，画师细致入微地再现了这位蒙古大汗的形貌。这些人物栩栩如生，再加上背景中精心渲染的山川树木、花卉云彩，极具艺术价值。

世俗风情图

藏传佛教的寺院壁画不仅描绘宗教场面，也描绘节日庆典、赛马射箭、行商开会、婚丧嫁娶等世俗生活场面，如桑耶寺武士比武图、布达拉宫的红宫修建图、桑耶寺乌孜大殿的体育竞技、古格古王宫红殿歌舞庆典图等。

吉祥花卉、植物及图案

藏传佛教的吉祥植物和图案很多，例如八吉祥图、七珍宝、和睦四兄弟、蒙人训虎图及其他数目惊人的图案纹饰等，这些都是寺院壁画不可或缺的好题材。

藏传佛教绘画十分讲究色彩的运用，所以壁画色彩艳丽、历久如新。壁画的选色方面，主要以红、黄、蓝三色为主，配以白色和绿色，形成强烈的色彩对比，这些色彩使整个画面富丽堂皇、鲜艳夺目，或是雅致清淡、协调统一。壁画的用色有着很强的象征意义，例如，经常使用的黄色象征和平、解脱或涅槃；蓝色象征威严或愤怒，多用于怒神；红色和橘色象征权势和统治世间的

美丽的藏传佛教艺术绘画

永恒的艺术　永恒的情韵

酥油花

意义；而绿色象征丰收和富裕。

　　总之，藏传佛教寺院壁画以其磅礴的气势和超群的艺术力，赋予了人们圣洁而崇高的宗教情绪，让人感觉自己似乎进入了一个伟大的宗教世界。壁画所反映出来的艺术水平令人叹为观止。

（三）放生之善与美

为了教育人们慈悲为怀，拯救生灵，佛经中有"割肉喂鹰""舍身饲虎"的故事。在西藏，放生已经不是一件新鲜事，在扎什伦布寺也不例外。

每年藏历 4 月 15 日，是佛祖释迦牟尼诞辰、成佛和圆寂的日子，这期间，各寺庙喇嘛要长净，安居寺内，这是因为此时正是一切小生灵复苏活动的时候，人的行动难免踩死它们。在此期间，藏族百姓不会杀生，放生也尤为盛行。即使是让人厌恶的苍蝇，也只能放飞，而不能打死。

扎什伦布寺还有一大景观，那就是众多

扎什伦布寺内的山羊

永恒的艺术　永恒的情韵

无主的鸡、狗、羊皆聚集于此，这也是被放生的。不光在扎什伦布寺如此，在西藏的许多寺庙，都有放生羊、放生鸡等，它们悠闲地晒着太阳，与人和平相处。这些动物没有专人看管，但它们备受众人宠爱，来朝拜的信徒都要给它们带好吃的，而且人们会把羊打扮得比一般的羊神气得多。有的"神羊"因天长日久，通得人性，并能善解人意，偶尔还能满足一点人们对它的崇拜之意。

关于放生羊，还有一个有意思的习俗：如果朝拜的信徒看到一只山羊神气十足地挡在路中间，都会给它好吃的。于是有灵

扎什伦布寺雄伟的建筑

扎什伦布寺

气的山羊会站立在巨石之上，在朝拜它的人的头上用它长着长长胡须的嘴巴"摸顶"。凡被神羊触摸头顶的人都会非常高兴，因为他们认为能得到神羊的"摸顶"，是一件千载难逢的幸运事。这种习俗说明，羊在藏族人民心目中是吉祥的象征，尤其是寺庙放生的羊，更是受到佛祖的教化，沾染了吉祥之气。

信奉佛教的人们认为，一切生命都是平等的，这些平等的生命应该享有同等的权利，我们应该善待它们。而放生，一方面救助了弱小的生命；另一方面，也是赎罪，因为每个人都是生而有罪的。这就是佛家伟大的善。

扎什伦布寺白塔

永恒的艺术 永恒的情韵

美丽的西藏风光

（四）难以割舍的西域情怀

在素有"世界屋脊"之称的青藏高原，绵绵的山脉如同中华民族的有力的跳动着的脉搏，从北到南，由西向东，从阿尔金山到祁连山脉、从昆仑山到巴颜喀拉山脉、从喀喇昆仑山到唐古拉山脉、喜马拉雅山脉……孕育出悠久和灿烂的文明，除了有历史悠久的宗教文化艺术，还有壮丽的高原地理奇观、有趣的民俗风情景观、古老的历史文化遗存，这些不仅是中华民族精神财富的重要组成部分，而且是世界人类文化遗产的重要财富。如今，古老而又年轻的西藏正以它独特的魅力向世人敞开胸怀，热情欢迎来自四面八方的游客。

扎什伦布寺